Bordesholmer Edition
Bd. 9

Franz Rohwer

EIN HAUS WIRD HUNDERT

Geschichten zur Geschichte

Oktober 2013

Herstellung und Verlag:
BoD – Books on Demand, Norderstedt
ISBN 978-3-7322-5457-6

Inhalt

Vorbemerkung ... 7

Königlich ... 10

Der Baumeister ... 18

Eine schriftliche Versteigerung ... 28

Der Saal - das Herz des Hauses ... 35

Besenrein ... 41

Eine prominente Mieterin ... 52

Künstler ... 59

Publikum ... 69

30 Jahre – Urtes Werkstatt ... 75

…. und heute? ... 81

Vorbemerkung

Schon immer wollte ich einmal aufschreiben, was wir alles mit und in diesem Haus erlebt haben. Das Gebäude wird 100 Jahre alt, voller Leben und rüstig! 36 Jahre, mehr als ein Drittel der bisherigen Lebenszeit des Kreishauses, haben wir in diesen Mauern hautnah mitbekommen. Somit konnte ich diesen Teil der Geschichte aus dem Gedächtnis aufschreiben. Allein dafür waren schon einige kräftige Denkanstöße nötig.

Für die wechselvolle Geschichte vor dieser Zeit musste ich in der Vergangenheit wühlen. Ich stellte fest, wie schwierig dieses ist, wenn die Zeitzeugen fehlen und wenn es um scheinbar unwichtige Dinge geht, die nicht in Dokumenten, Beschlüssen, Protokollen oder Veröffentlichungen festgehalten sind. Ebenso fehlen für die Kriegszeiten und Nachkriegswirren Aufzeichnungen oder auffindbare Zeitzeugen.

Ich versuche, die Geschichte des Hauses durch Geschichten zu vermitteln. Eine wissenschaftliche Dokumentation konnte und wollte ich nicht erstellen. Die Geschichte hinter den reinen Fakten habe ich mit Vermutungen, Wertungen und persönlichen Eindrücken interessanter verpackt.

Für den Zeitraum vor unserer Inbesitznahme hat der Geschichtsarbeitskreis der Heimatsammlung mich unterstützt. Ich konnte gar nicht alles Material verarbeiten, was der Arbeitskreis ermittelt hat, es hätte den Rahmen meines Vorhabens gesprengt. Ich danke den Mitgliedern und ganz besonders dem Sprecher Horst Rienau für die Unterstützung. Wenn ich im Text von

Familie Rohwer 1979

„wir" schreibe, so sind meine Frau und oft meine Familie gemeint. Urte, und ihr gilt mein aufrichtiger Dank, hat mich ermuntert, korrigiert und dem Gedächtnis auf die Sprünge geholfen.

Also Menschen statt Daten, Hintergründe statt nüchterner Fakten ist die Devise. Wir verstehen unser Büchlein als Angebot, uns zusätzliche Hinweise zu geben, eigene Recherchen mitzuteilen und vielleicht sogar eigene

Erlebnisse oder Vorkommnisse im Zusammenhang mit dem Jubilar aufzuschreiben.

Für Hinweise, Erzählungen, Fotos geht ein Dankeschön an Ingrid Schröder geb. Schiewe, Bernd Schloer, Dieter Thilow, Reinhard Albers, Horst Rienau und Heribert Ostendorf, und für die drucktechnische Aufbereitung an Jürgen Baasch, Klaus Flor, Hartmut Wiedling und meine Tochter Wera Rohwer.

Oktober 2013   Franz Rohwer

Königlich

Es ist noch keine 150 Jahre her, da standen unsere Landesteile Schleswig und Holstein noch unter dänischer Oberhoheit. Die Amtmänner, wie auch weitere wichtige Positionen der Amtsverwaltung, wurden vom Königreich Dänemark, von Kopenhagen aus, eingesetzt. Die in der Regel adligen Amtmänner hatten große Befugnisse, denn sie waren weit entfernt vom Machtzentrum und somit, fast allein regierend, verantwortlich für die gesamte kommunale Verwaltung, die Zivil- und Strafjustiz, das Schul- und Armenwesen, die Land- und Forstwirtschaft und sogar das Militärwesen.

Die hohen adligen Herrschaften waren häufig ortsabwesend, und so fielen dem Amtsschreiber als Stellvertreter des Amtmanns diese Funktionen zu.

Nach dem Krieg gegen Dänemark marschierten 1864 preußische und österreichische Truppen ein. Holstein wurde kurzzeitig österreichisch kaiserlich, mit eigenem k.u.k.- Beamten in Kiel. Durch Vertrag mit den Preußen zogen sich die Österreicher zurück und die königliche Oberhoheit wechselte nach Berlin. 1867 wurde der Landkreis Kiel mit Sitz in Bordesholm gegründet.

Erster preußischer „königlicher Landrat" wurde Johann Adolph Freiherr von Heintze. Der studierte Jurist war vorher Amtsrichter in Steinburg und dann Amtmann für Kiel, Kronshagen und Bordesholm. 1895 folgt ihm sein Neffe Adolph Freiherr von Heintze, auch studierter Jurist, der schon zwei Jahre vorher von Berlin nach Bordesholm gesandt worden war, um seinen kranken Onkel zu unterstützen.

Landrat   Amtsvogt
Adolf von Heintze   Ludwig Grimm

Frau Witt, Tochter eines Amtsvogts, berichtet von der Zeit um 1850. Der Amtsvogt war Gerichts- und Polizeidiener. Er hatte auch alle Besorgungen zu erledigen. „Damit gab es Arbeit genug, zumal mein Vater in Dienstangelegenheiten fast täglich über Land musste. Alle Besorgungen des Amtes in dem großen aus 28

Dörfern bestehenden Bezirk oblagen ihm. So ritt er oft des Morgens sehr früh fort und kehrte erst spät des Abends zurück. .... Besonders in Anspruch nahmen uns die Gerichtstage. Dann war unsere Stube voll von Leuten, die aufs Amt geladen waren.... Oft hatte er auch Verurteilte nach Glückstadt in die Strafanstalt zu bringen". Das war für den Amtsvogt eine anstrengende Tagesreise mit der Kutsche.

An der Schreibmaschine

Die erwähnten Gerichtstage fanden in den Räumlichkeiten des Amtes und später des Kreises statt. Ein erster Amtsrichter mit Namen Kruck wird 1803 im Rahmen einer Volkszählung erwähnt. Später werden dann noch die Amtsrichter Carstens, Beckmann und ab 1901 Braun erwähnt. Wir müssen also davon ausgehen, dass der Sitz der Amts- und später Kreisverwaltung auch gleichzeitig Amtsgericht war.

Der Landkreis Kiel wurde, nach Auskreisung von Kiel (1883) und Neumünster (1901), offiziell ab 1907 in „Kreis Bordesholm" umbenannt. Die Einwohnerzahl des gesamten Kreisgebiets dürfte etwa 45 000 betragen haben.

In die Zeit des Landrats Adolph von Heintze fiel auch der Beschluss ein Kreishaus zu bauen, nahezu 45 Jahre

Pastorenwitwenhaus

nach Gründung des Kreises. Das sogenannte „Pastorenwitwenhaus" am See sollte von der Kirchengemeinde verkauft werden und der Kreis erwarb das Grundstück im Rahmen einer Versteigerung für 8150 Mark. Der Betrag war vorher zwischen Kreis und Kirchengemeinde abgesprochen und das Procedere Formsache.

Um ein repräsentatives Gebäude erstellen zu können, war ein Architekt erforderlich. So wurde die Stelle eines

Kreisbaurats ausgeschrieben. Aus insgesamt 68 Bewerbungen wurde der Diplomingenieur. Johann Christian Garleff gewählt. Von ihm erwartete man nicht nur die Übernahme administrativer Aufgaben, sondern auch die Planung eines großen, repräsentativen Verwaltungsgebäudes und, wie oben angeführt, Amtsgerichts am Bordesholmer See. Der Saal in diesem Gebäude dürfte von Anfang an nicht nur für die

Sitzungsrunde

Sitzungen des Kreistages und des Kreisausschusses, sondern auch des Amtsgerichts genutzt worden sein. Der Landrat selbst allerdings blieb, wie seit Caspar von Salderns Zeiten, mit seinem Dienstsitz und seiner Wohnung in den durchaus herrschaftlichen Räumen des heutigen Klosterstifts.

Der Kreis Bordesholm wurde 1932 unter Protest von Vereinen, Organisationen und Parteien des Kreises durch einseitigen Verwaltungsakt aufgelöst. Das Amtsgericht verblieb im Gebäude und tagte noch bis Herbst 1939. Dann wurde es, während der Kriegs- und ersten Nachkriegszeit, als Lazarett genutzt. Ab 1947 verhandelte das Gericht wieder unter Leitung von Amtsrichter Münchhoff, der dann viele Jahre im Amt war.

Der ihm folgende Amtsrichter Dieter Thilow hat auf plattdeutsch eine Geschichte geschrieben, die ein kleines Streiflicht auf gemütliche Zeiten im Haus am See wirft. Wir geben diese Geschichte in dem Teil wieder, der sich vorwiegend mit dem Amtsgericht befasst.

Acht Johr lang wer ik sülben Amtsrichter in dat schöne Hus. To de Toständigkeit vun dat Amtsgericht hebbt tomals Zivilsokens und Strofsokens hört, awers ok anners Geschichtens wie Grundboksokens, Vörmundschaftsakens oder Arfschaftsokens wern to verhaneln. Bi alle Prozesse is mi dat jümmers god to pass komen, dat ik mit de Lüüd ok plattdütsch snacken kunn. In unse Gegend leevt noch hüt veele Lüüd, de dat Plattdütsche vertruter is as hochdütsch. Wenn de een so ganz förmli op hochdütsch ansnacken, denn kreegen se den Mund ni ap un sän keen een Wort. Wenn een denn noch enargisch wur, denn wer dat ganz vörbi. Dor wer dat veel beter, dat op plattdütsch to versöken. Denn wer dat Is bald broken, un se füngen an to vertelln, un de Amtsrichter köm de Wohrheit ördentlich `n Stück neger.

Jeden Fridag in de Wek har ik min Terminsdag. Dor hebbt wi de Sokens verhanelt, för de ik toständig wer. Hierto hebbt neben de Zivilsokens – dat sün de Prozesse, wo de Lüüd mitteneen Striet hebbt – ok de Landwirtschaftssokens tohört.
Landwirtschaftssokens sün Arfschaftsangelegen-heiten, bi de dat um een Buurnhof geit. Dor wer ton Bispeel to bestimmen, wokeen no den Afleben vun den Buurn sin Hofarbe wurn wer. Dat möödt ni unbedingt de ween, de de übrige Arfschaft kreeg. För Höfe gev dat een besoneret Arfgesetz, de Höfeordnung. Hier stünn nich blots in, wokeen den Hof kreeg, wenn de Buur dot wer, sondern ok, dat de sin Hof all bi Leevtiden dörch Öbergabevertrag an sin toküriftigen Hofarben öberlaten kunn un wünke Rechte denn de annern, de weekenden Arben, harn. Öber all düsse Sokens gev dat minnichmal Striet, un dat Landwirtschafts-gericht har doröber to urdeelen.
Dat Landwirtschaftgericht wer nu ni blots de Amtsrichter alleen, sondern dor hebbt twe landwirtschaftliche Bisitters tohört. Dat weern Buurn, de ut den Amtsgerichtsbezirk utwählt wern. Se sulln den Amtsrichter, de man je blots sin Gesetzbok kennt, son beten mit eere Kenntnisse vun de Landwirtschaft hölpen, dormit he dat bi sine Verhandlung allens richtig op de Reeg kreg. Se harrn jüst so veel to seggn as de Amtsrichter un harn em, wenn se wulln, ok öberstim-men kunnt. Awer dat hebbt se wohl meist nicht wullt.

Wenn dat Amtsgericht Borsholm an Fridag sin Sitzungdag har, wer dat jümmers so inricht, dat dat Klok negen mit de lichteren Sokens losgüng, de nich so veel Tid brukten. De sworen Sokens, so de mit Tügens un Sachverständige, kömen dann ers Klok ölben an.

Dor harn wi denn, wenn dat sin möödt, Tid bit in den Nomiddag rin. Nu wer dat awers meistens so, dat wi de lichten Sokens, de Klok negen anfungen wern, all so Klok tein oder halbi ölben torecht harn. Dor wer bitt to de nächste Verhandlung ne gode halbe Stünn Tid. Düsse Tid hebbt wi utnutzt, un dat ganze Gericht güng mit de Vörsitter un de Bisitters un de Rechtsanwälte röber in den Gasthof „Zur Linde", den Krog jüst in de Noberschaft vun dat Amtsgericht, un hebbt ne Tass Kaffe drunken. Wenn nu grad in de Tid een in dat Amtsgerichtsgebäude no dat Gericht frög, dann sä de Gerichtsschrieber – un de plinst dorbi mit de Ogen -, dat Gericht wer op`n Lokaltermin. Düsse „Lokaltermin" wer awers gorni so slecht. Dat bleev ni ut, dat een ok öber de Sakens to snacken köm, de noch to de Verhandlung anstünnen. Minnichmal wern neben de Richters un de Rechtsanwälte ok de Parteien un Tügen mit röberkommen in den Krog, de all frötidig to eern Termin dor west wern. Wenn denn de Striethähne tohopen mit de Tügen un eere Rechtsanwälte un de Richter an een groten Disch bieenander seten, dann köm dat vör, dat bi de Snackerie mit eenmol ut den ganzen Prozess de Luft rut wer. Dor har de ganze Larm dorvon herrört, dat de beiden to de richtige Tid ni dat richtige Wör toeenander funnen harn. Wo sik dat nu so zwanglos ergeven düng, wär mit eenmol för dat Gericht gorni mehr veel to verhaneln. Mag sien, dat sone Fälle doch selten bleeven. Awers wi hebbt se hat, un wenn se passeern, denn harn wi noher een Barg Tid op den Lokaltermin, un denn bleev dat ok nich bi een Tass Kaffe.

Der Baumeister

Ein alter Herr stand plötzlich in meinem Architekturbüro in der Feldstraße. Ich betone HERR, denn es war eine, durch vornehm korrekte Kleidung, besondere Erscheinung. Zwar verhältnismäßig klein, strahlten dennoch die aufrechte Haltung, der asketische Körperbau und die prägnanten Gesichtszüge Bedeutung und Selbstbewusstsein aus. „Garleff", stellte er sich vor, „ich bin Architekt und wohne ganz in der Nähe ihres Ateliers und so wollte ich doch einmal den jungen Kollegen kennenlernen, auf den ich durch einen Zeitungsbericht über einen Architekturwettbewerb aufmerksam geworden bin".

Wir kannten den Namen Garleff, wussten von einigen seiner Bauten, aber begegnet waren wir ihm noch nicht. Nachdem er seinen Gehrock abgelegt hatte, merkten wir im weiteren Gespräch, dass er, trotz seiner 96 Jahre, ein sehr reges Interesse am Tagesgeschehen und an der Entwicklung der gebauten Umwelt hatte. Wir sprachen über Architektur, über seine Bauten in Bordesholm, die seiner Meinung nach durch andere Architekten verschandelt worden seien. Ich war offensichtlich unbelastet und ihm somit ein kompetenter Gesprächspartner. Er suchte offensichtlich den Kontakt zu Kollegen, da sein Freund, der ungleich bekanntere Kieler Architekt Ernst Prinz, ein Jahr zuvor verstorben war. Die Freundschaft zwischen ihm und Prinz stammte schon aus gemeinsamen Studienzeiten in Karlsruhe. Er erzählte uns von gelegentlichen Treffen in Kiel und dass sie dabei auch die aktuelle Bautätigkeit kommentierten.

Wir, Urte und ich, machten noch einen Gegenbesuch in seinem Haus in der Holstenstraße. Wir sahen seine gediegenen Möbel, wunderschöne Spiegel und einen großen alten Kachelofen. Dazwischen aber Kisten mit den Büchern, die Garleff im Eigenverlag hatte drucken lassen. „Gedanken eines Baumeisters über die Gestaltung von Plätzen in Städten und Dörfern seiner Heimat Schleswig-Holstein". Das Alterswerk lag seit 1972 vor. Er hat in mühevoller jahrelanger Kleinarbeit 85 Orte besucht, Katasterunterlagen bei den Ämtern besorgt, an den Plätzen gesessen und die Fassaden in Skizzenform aufgenommen. Von manchen wurde dieser Fremde beargwöhnt und sogar mehrere Male die Polizei bemüht, um zu klären, was dieser eigenartige Mensch dort treibe. Es entstand eine Dokumentation mit Kommentaren, die einen strikt fordernden Charakter hatten. Ein hilfloser, liebenswerter Versuch in völlig veränderter Zeit.

Dass wir ein Jahr nach seinem Tod sein wohl wichtigstes Bauwerk kaufen würden, konnten weder er noch wir ahnen. Schade eigentlich, wie viele Dinge hätten wir ihn zur Geschichte und Vorgeschichte des Kreishausbaus fragen können, die wir jetzt mühsam recherchieren müssen, wenn wir denn überhaupt etwas herausbekommen.

Johann Christian Garleff wurde am 15. Juli 1878 in Oldenburg in Holstein geboren. Nach dem Studium der Architektur in Karlsruhe sammelte er praktische Berufserfahrung in Coburg, Posen, Erfurt und Solingen. Es mag wohl die Liebe zu seiner Heimat Schleswig-Holstein gewesen sein, die ihn bewog, sich auf die Stelle eines Baurats für den Kreis Bordesholm zu bewerben. Aus 68 Bewerbungen, wie schon vorher erwähnt, wurde er für diese Position ausgewählt. Ob sein Freund Prinz, der zu dieser Zeit bereits mit eigenem Büro in Kiel tätig war, sich für ihn verwendete, ist nicht bekannt. Die Vermutung liegt aber nahe, da Prinz zu jener Zeit einen Vortrag „Über Heimatschutz" vor dem Kreistag des Kreises Bordesholm hielt. Der Heimatschutz war eine deutschlandweite Bewegung, der beide zuneigten. Dazu später mehr.

Johann Garleff trat seinen Dienst 1909 an. Es warteten zahlreiche und umfangreiche Aufgaben auf ihn. In den Jahren seiner Tätigkeit für den Kreis bis zu dessen Auflösung 1932 bewältigte er ein schier unglaubliches Pensum von Bauaufgaben. Wie wir wissen, hatte er einen Mitarbeiter, Herrn Petersen, und seine Wohn- und Arbeitsräume waren in der Gegend des Bordesholmer Bahnhofs. Unter anderem wurden die Schulen in

Tungendorf, Kronshagen, Bordesholm, Dorfschulen in Bissee und Dätgen von ihm geplant, daneben Turnhallen, Strom-Umschaltstationen mit Wohnungen.

Die für Garleff größte Herausforderung war sicher der Bau des Kreishauses. Der in der Grundform strenge Winkelbau wird durch die kleinteiligen Sprossenfenster,

Dorfschule Bissee

ornamentierten schmiedeeisernen Maueranker und die sparsam eingesetzten Sandsteingewände im Eingangsbereich der Freitreppe und der Saalfenster hervorgehoben. Im Innern wird der Repräsentation durch die Deckenmalerei, die Bemalung der Türen mit handgeschmiedeten Beschlägen sowie der bemalten Wandvertäfelungen in der Eingangshalle und im Sitzungssaal Rechnung getragen. In der Kunsttopographie des Landes Schleswig-Holstein wird der Bau dem „Neobarock mit

Jugendstilelementen" zugeordnet. Ob diese stilistische Zuordnung treffend ist, mag dahingestellt sein, denn Garleff war einer allgemeinen Kulturbewegung jener Zeit, dem Heimatschutz, eng verbunden. Diese romantisierende, regionaltypisch bewahrende Haltung setzte sich dem Historismus der Kaiserzeit entgegen, ohne eigentlich dem Barock oder den europäischen Tendenzen des Jugendstils etwas abzugewinnen. Ebenso konnten die internationalen Bestrebungen der gerade aufkommenden Bauhausideen keinen Anklang finden.

Es wurde ein Landesverein Heimatschutz gegründet, der später in den schleswig-holsteinischen Heimatbund überging. Dieser Verein widmete sich neben dem breiteren Spektrum der Heimatpflege auch dem Baugeschehen. Für Letzteres wurde eine Beratungsstelle eingerichtet, für die Prinz und Garleff, neben vielen anderen Architekten, tätig waren. Da diese Bewegung eine starke Komponente hatte, die sich mit dem Schutz der Natur befasste, kann sie durchaus als regionale Form einer Umweltbewegung verstanden werden.

Johann Garleff baute das Kreishaus ohne einen Dienstraum für den Landrat, denn der wohnte und residierte in den Räumen des heutigen Klosterstifts. Auch ein atelierähnlicher Raum für den Kreisbaurat ist nirgends ersichtlich. Er wohnte mit seiner Mutter und seiner Schwester unter einem Dach und war nicht verheiratet, ein Hagestolz, wie man früher sagte. In dem Wohnhaus in der Nähe des Bordesholmer Bahnhofs, die genaue Lage ist unbekannt, und später in dem von ihm erbauten eigenen Haus in der Holstenstraße hatte er auch stets sein Atelier. Er bekam sogar einen Zuschuss vom Kreis für die dienstliche Nutzung seiner Privaträume. Johann

Der Baumeister auf Tour

Garleff arbeitete wie ein freischaffender Architekt. Das war ihm sicher für das Selbstbewusstsein, auch gegenüber dem freischaffenden Prinz, wichtig. Dazu gehörte wohl ebenso, dass es in Bordesholm eine Zeit lang nur zwei Autos gab, das vom Landrat und das des Kreisbaurats.

Seine Einkünfte müssen stattlich gewesen sein, denn neben der sehr guten Bezahlung vom Kreis erhielt er auch Honorare von privaten Bauherren. Einen Teil davon musste er, nach Festlegung durch den Kreisausschuss, abführen. So entstanden, neben den öffentlichen Bauaufgaben, auch viele Bauten für private Bauherren. Das waren zum Beispiel das Gutshaus Depenau, landwirtschaftliche Gebäude und mehrere Ein- und Mehrfamilienhäuser.

Kreisblatt (Ausschnitt)   Johannes Garleff

Politisch ist Johann Garleff kaum in Erscheinung getreten. Nach Ableistung seines Militärdienstes und Beendigung des ersten Weltkriegs musste „sein" Landrat von Heintze gehen. Der Sozialdemokrat Artur Zabel war erst sein Stellvertreter und dann sein Nachfolger im Amt.

Nach nur einem dreiviertel Jahr wurde dieser aus dem Amt gemobbt, wie man heute sagen würde. Das dürfte Garleff, seiner konservativen Grundeinstellung nach, im Ergebnis nicht missfallen haben. Jedenfalls gab er seine unpolitische Grundeinstellung kurzentschlossen auf und kandidierte im Jahr 1921 für die Liste der bürgerlichen Parteien unter dem Kennwort „Wiederaufbau" zum Provinziallandtag gegen seinen ehemaligen Landrat Zabel (SPD). Der dann folgende Landrat Waldemar von Mohl dürfte Garleff gesinnungsmäßig näher gestanden haben.

Mit der Auflösung des Kreises 1932 musste der Kreisbaurat mit 54 Jahren in den Ruhestand gehen. Mit respektabler Pension und einigen Planungsaufträgen für Bebauungspläne, Umbauten und Neubauten dürfte er auch weiterhin keine Not gelitten haben. Seine asketische Lebensführung und die immer gepflegten Verbindungen zu Adligen, Gutsbesitzern und Landwirten scheinen ihm auch in den schwierigen Kriegs- und Nachkriegszeiten geholfen zu haben.

Enger verwandtschaftlicher Kontakt bestand zur Familie Schloer in Bordesholm. Dort hieß er im internen Gebrauch „Onkel Hans Kreis". Ich nehme an, dass der Zusatz „Kreis" ihm gegenüber nicht angewandt wurde, das wäre zu respektlos gewesen.

Wie uns Bernd Schloer, ein Neffe, berichtet, besaß Onkel Hans immer ein Auto und war damit in ganz Schleswig-Holstein und darüber hinaus unterwegs. Er war reisefreudig, und Urlaubsreisen führten ihn mehrere Male zur Kur nach Bad Pyrmont und zum Skilaufen nach Davos. Als er jedoch mit 88 Jahren noch eine Reise nach Südfrankreich geplant hatte, heuerte er seinen Neffen Bernd als Chauffeur an. Mit von der Partie war die 80-jährige Frau Erichsen, Witwe eines Arztes aus Schillsdorf. Garleff war mit dem Ehepaar befreundet. Die guten Französisch-Kenntnisse der Mitreisenden waren von Nutzen, so wie die ganze Reise penibel, einschließlich der Tagesstrecken, der Pausen mit Picknickkörben und den jeweiligen Hotels, geplant war. Bei der sonst eher bescheidenen Lebensführung war er auf Reisen sehr großzügig. Kunst, Kultur, gutes Essen und erlesener Wein waren dann angesagt. Bernd war als bescheiden erzogener Beamtensohn beeindruckt und genoss diese ungewöhnliche Reise. Da ist er dem Menschen Garleff näher gewesen, als ihm sonst kaum jemand kommen konnte, außer vielleicht sein Freund Prinz. Bernd Schloer hat davon berichtet, dass sein Onkel sehr belesen war und auf Reisen die antiken Stätten im Mittelmeerraum besuchte. In Bordesholm hielt er sich anderen Menschen gegenüber zurück und galt allgemein als schwierig und ungeduldig im Umgang.

Der Umgang mit Kindern war für den „Hagestolz" nicht leicht. Er erzählte gern die Geschichte, wie er zum Dienstbeginn beim Pastor Giese seinen Antrittsbesuch machte. Bei den Honoratioren des Ortes, und dazu zählte der Pastor, hatte man sich vorzustellen. Er unterhielt sich förmlich und pflichtgemäß mit dem Kirchenmann, und auch die beiden kleinen Töchter mussten ihn mit einem Knicks begrüßen. Als er nach kurzer, angemessener Besuchszeit aufbrach, griff er in die Taschen seines Gehrocks und erspürte frisch eingefülltes Apfelmus. Selbstbeherrschung war jetzt von ihm gefordert. Sein Verhältnis zur Kirche war nicht besonders gut, aber Pastorentöchter waren ihm seit dieser Zeit ein Dorn im Auge.

Als sein Neffe Bernd sich anschickte, ausgerechnet die Tochter des Bordesholmer Pastor Irmer zu heiraten, nahm er die Gelegenheit wahr, das Elternhaus, zwecks Übergabe des Hochzeitsgeschenks, persönlich in Augenschein zu nehmen. Das junge Paar bezog in Kiel seine erste Wohnung und Onkel Hans „Kreis" machte seine Aufwartung. Evi und Bernd waren sehr stolz auf ihre ersten eigenen vier Wände, aber auch ein bisschen aufgeregt, wegen der improvisierten Einrichtung und des befürchteten Kommentars. Schon am Eingang fiel der Blick des Onkels auf einen Blumenstrauß in der

Garderobe und er sagte: „Oh wie schön, ein Bukett zum Empfang!" Ein Mann von Welt, höchst galant.

Eine schriftliche Versteigerung

Acht Jahre zuvor hatten wir unser kleines, mit viel Eigenleistung gebautes Haus bezogen. Für mich, als jungen Architekten, war es ein ehrgeiziges Projekt, den Grundriss und die Materialwahl zu minimieren und so mit insgesamt 90000 DM auszukommen. Es entstand ein „Maßanzug auf Taille" für die Eltern und drei Kinder. Als das vierte Kind sich anmeldete, fehlte die Erweiterungsmöglichkeit, und die Garage musste zum Ausweichquartier für den ältesten Sohn ausgebaut werden. Mit dem vierten Kind wurde somit der Wunsch nach mehr Raum geboren.

Durch meine Tätigkeit in der Kommunalpolitik bekam ich Kenntnis davon, dass das Land als Eigentümer das ehemalige Amtsgericht am Bordesholmer See verkaufen wollte. Auch bei einer relativ niedrigen Kaufpreisforderung von 320 000 DM fand sich über Monate kein Käufer. Die Sorge in der Gemeinde, dass das Gebäude verfallen könnte, wuchs. Ein Kauf durch die Gemeinde kam wegen des gleichzeitigen finanziellen Engagements im Bürgerhaus zu diesem Zeitpunkt nicht infrage.

Ich stellte als Gemeindevertreter bei Bürgermeister Völke den Antrag, doch bitte beim Jugendherbergswerk und bei der Lebenshilfe nachzufragen, ob hier nicht Interesse am Gebäude bestünde. Beide Anfragen wurden von den vorgenannten Institutionen negativ beantwortet.

Das Gebäude wurde zwischenzeitlich auf Betreiben von Paul Steffen unter Denkmalschutz gestellt, was den Verkauf natürlich nicht erleichterte. Im Rahmen eines Pressetermins sah ich das Gebäude zum ersten Mal von innen.

Wir, meine Frau und ich, wissen nicht mehr, wann der Gedanke auftauchte, es möglicherweise selbst zu kaufen und die Familie aus dem kleinen Häuschen an der Bahnlinie in die großzügigen Räume eines Amtsgerichts umzusiedeln.

Aus dem Gedächtnis begann ich, den Erdgeschossgrundriss zu skizzieren, erste Finanzierungsüberlegungen anzustellen und Rentabilitätsberechnungen aufzustellen. Alles geschah unter Berücksichtigung des zwischenzeitlich gesunkenen Kaufpreises, des erwarteten Ertrags aus dem Verkauf unseres kleinen Hauses, der geschätzten Umbaukosten und der zu erwartenden Mieteinnahmen.

Die Berechnungen gingen auf, mit Reserven, und die Volksbank Bordesholm erklärte sich bereit, mitzumachen.

Unser erster Besuch bei der Landesvermögensverwaltung, bei dem zuständigen Sachbearbeiter, Herrn Amtsrat Eggers, brachte die erste Ernüchterung.

„Eigentlich könnten Sie es ja gleich mitnehmen, aber wir hatten eine Anzeige im Hamburger Abendblatt, die uns plötzlich 20 Interessenten bescherte", war seine Antwort. Eine schriftliche Versteigerung war die Folge und für uns der Absturz aus unserem Wolkenkuckucksheim. Wir hatten es uns in unserem zukünftigen Lebensraum schon gemütlich gemacht, gingen gedanklich darin spazieren. Der Absturz war milde, denn schon mit dem Beginn der Versteigerung waren 16 Interessenten, darunter Heide und Udo Simonis, abgesprungen. Im weiteren Verfahren blieben nur zwei, später ein ernsthafter Interessent - ein vermögender Teppichhändler aus Hamburg, wie uns Gerüchte sagten - übrig. Als wir vom Bordesholmer Weihnachtsmarkt zurückkamen, sahen wir zwei Personen um „unser" Haus herumschleichen, einen alten, wie uns schien reichen, Mann in Begleitung eines jüngeren schicken Mannes im Kamelhaarmantel. Sie schauten, mit der Hand über den Augen, in die untere Wohnung „unseres" Hauses. Unsere Gegner!

Die Gebote gingen brieflich zweimal mit dazwischenliegenden Wartezeiten hin und her, bis dann unser Gebot bei 260 000,--DM lag. Das offizielle „letzte Gebot" stand bevor. Wir rechneten: wie viel können wir bieten, ohne uns zu überfordern? Da kam der Anruf, dass der andere Bieter sich nicht mehr gemeldet habe, und wenn er das innerhalb der nächsten Woche nicht tun würde, hätten wir am 31. Januar 1977 einen Termin beim Notar Rusche in Kronshagen. Er meldete sich nicht mehr.

Tatsächlich 260 000 DM für 1700 qm Grundstück am See, rund 1000 qm Wohn- und Nutzfläche und ein denkmalgeschütztes schönes Haus. Unsere Kinder hatten mit uns gebangt und die jüngere Tochter, Wera, fürchtete, mit ihren „großen" Ersparnissen aushelfen zu müssen. Unsere Emotionen schwankten zwischen Angst und Euphorie. Die Schlüsselübergabe erfolgte durch Amtsrat Eggers wenig später. Neben einer Vielzahl von Schlüsseln, Verträgen und Plänen brachte er die große Uhr, die in der Halle auf dem Kaminsims steht und die er netterweise vorher aus Rendsburg zurückgeholt hatte. Er übergab sie uns mit den Worten: „Wenn Sie schon ein

Die Uhr mit Bitte um Frieden

denkmalgeschütztes Haus kaufen, dann gehört auch diese Uhr dazu."

Gleich nach dem Einzug, im April 1977, wurde uns zur Uhr eine kleine Anekdote erzählt. Es muss zu Zeiten gewesen sein, als die Uhr am Bahnhof noch der maßgebende Zeitmesser war. Der Amtsschreiber kommt zum Dienstantritt ins Haus, zeigt auf die schöne Uhr auf dem Kaminsims und fragt den Hausmeister, wie so üblich

> **KN 19.II.77**
>
> **Ungewißheit über Kreishaus beendet**
>
> Bordesholm (cj) Die Ungewißheit um die Zukunft des unter Denkmalschutz stehenden früheren Kreishauses in Bordesholm ist beendet. Das Haus am Klosterufer hat der Bordesholmer Architekt Franz Rohwer vom Land Schleswig-Holstein gekauft.
>
> Mit diesem Besitzwechsel besteht Gewißheit darüber, daß das Gebäude als historischer Bau, der für den Raum Bordesholm besonderen Wert besitzt, erhalten bleibt und gepflegt wird. Es wurde von dem Bordesholmer Kreisbaumeister Johannes Garleff 1913 errichtet und ist ein zweigeschossiger Winkelbau in Backstein mit einem getäfelten Saal und einer wertvollen Treppe. Neobarock mit Jugendstilelementen sind in dem Gebäude vereint.
>
> Nachdem der Kreis Bordesholm 1932 aufgelöst wurde, diente das Haus bis Ende 1975 als Amtsgericht. Nach der Auflösung des Amtsgerichts Bordesholm standen die von diesem genutzten Räume leer.

> **Amtsgericht – neuer Besitzer**
>
> Das Gebäude des früheren Amtsgerichts Bordesholm ist am 1. 2. 77 von Architekt BDA Franz Rohwer (Bordesholm) gekauft worden. Das Gebäude befand sich bisher im Eigentum des Landes Schleswig-Holstein. Es steht seit 1976 unter Denkmalschutz.
>
> Es werden dementsprechend außen überhaupt keine baulichen Veränderungen durchgeführt. Im Innern bleiben vor allem die besonders schöne Eingangshalle und der Gerichtssaal weitgehend im bisherigen Zustand. Die weiteren Räume werden von der Familie Rohwer als Wohnraum ausgebaut und genutzt.
>
> Das Gebäude wurde 1913/14 als Kreishaus gebaut. Nach Auflösung des Kreises (1932) bestand hier bis zum 31. 12. 1975 das Amtsgericht Bordesholm. Architekt war Kreisbaurat Johann Garleff, der 1976 im Alter von 98 Jahren in Bordesholm verstarb. Der verdienstvolle und bekannte Architekt hat im früheren Kreis Bordesholm, der von Neumünster bis vor die Tore von Kiel reichte, etliche markante und unverwechselbare Bauten geschaffen. Sie verhalfen den heimischen Backstein unter Verwendung von Jugendstil und neubarocken Elementen zu einer neuen landschaftsgerechten Aussage. Liebevoll sind auch die Details (Sprossenfenster, handgeschmiedete Beschläge) und die Innenausstattung gestaltet.
>
> Es ist daher außerordentlich zu begrüßen, daß dieser bewundernswerte Garleff-Bau durch den Verkauf an einen engagierten Architekten in die richtigen Hände gekommen ist. Heute muß mehr denn je der wertvolle Bestand an historischen Bauten erhalten und gesichert werden.

Zeitungsausschnitte

auf Plattdeutsch: „Geit de Klock na'n Baanhoff?" – „Nei, nei", antwortet der Untergebene entsetzt und bestimmt zugleich, „de Klock blifft hier!"

Wir fühlten uns wie Schlossbesitzer und fragten uns, können wir diese repräsentative Treppe in der Halle einfach heruntergehen oder müssen wir nun schreiten? Die Kinder hatten schnell das Fitnessgerät in ihr erkannt.

Der familiäre Bann war gebrochen und auch der Befürchtung, durch so einen Besitz Distanz zu Freunden und anderen Menschen zu schaffen, konnten wir durch eine „Hausbesetzung" mit Freunden und später durch Tage der offenen Tür und Ausstellungen wirkungsvoll begegnen.

Die lokalen Zeitungen berichteten von dem Verkauf an eine Architektenfamilie als einer glücklichen Lösung und für uns wurde das Leben durch dieses Haus bis zum heutigen Tage entscheidend geprägt.

Unsere 9-jährige Tochter wurde auf dem Schulhof angesprochen: „So ein großes Haus – ihr müsst aber reich sein!" Die schlagfertige Antwort unserer Tochter: „Jetzt nicht mehr!"

Der Saal - das Herz des Hauses

Zusammen mit dem Haus hatten wir eine große Eingangshalle mit dekorativer Deckenbemalung, schöner Wandvertäfelung und kunstvoll geschmiedeten Türbeschlägen gekauft. Eine große repräsentative Treppe führt zum Saal, mit ebenso kunstvoll bemalter Wandverkleidung. In früheren Jahren tagten hier die Abgeordneten des Kreises. An Gerichtstagen wurden Urteile gesprochen. Während des Krieges diente der Saal als Lazarett der Marine und in der Besatzungszeit wurde er von den Engländern genutzt. Bei Umbauarbeiten fanden wir zwei Feldpostbriefe aus der Kriegszeit, von Mutter und Freundin, an den jungen Masch. Gefr. Kurt Weidenhausen im Marine- Lazarett Abt. IIb, sowie ein englisches Witzheft von den Besatzern. Es sind die einzigen Zeugen dieser Zeiten. Danach tagte bis 1975 das Amtsgericht Bordesholm in diesem Saal.

Als wir die Diensträume zur Wohnung für unsere 6-köpfige Familie umgebaut hatten, blieb der Saal sozusagen übrig. Die anfängliche Idee, diesen großen Raum für das eigene Architekturbüro zu nutzen, wurde durch die Aufgabe der selbständigen Tätigkeit hinfällig.

So konnte eine Tischtennisplatte den Raum nur ungenügend füllen und der Saal provozierte uns durch gähnende Leere. Die Eingangshalle stellten wir sogleich nach dem Kauf, noch vor dem Umbau, Freunden und Bekannten bei einer „Hausbesetzung" vor. Nach dem Umbau unserer Wohnräume wurde das Haus durch eine Ausstellung über den Erbauer, den Architekten Johann Garleff, einer weiteren Öffentlichkeit zugänglich gemacht.

Die erste inoffizielle Nutzung des Saales fand im Anschluss an ein Bordesholmer Wochenende statt. Urte und ich, damals noch FDP-Mitglieder, hatten durch unsere kommunalpolitische Tätigkeit gute freundschaftliche Kontakte zum sozialliberalen Lager. So ein Kreis wollte noch ein wenig weiter feiern, weil vor dem Altenheim um 21 Uhr Schluss war. Bier wurde besorgt und unser Saal als Ort zum Feiern auserkoren. Es wurde fröhlich und warm. Hans Wiesen, späterer Landwirtschaftsminister in Schleswig-Holstein, öffnete das Fenster, um einerseits kühle Luft einzulassen und andererseits mit kräftiger, sangeserprobter Stimme die Internationale über Bordesholm erschallen zu lassen.

Dieser verlängerte Feier-Abend war dann wenig später auch der Anlass für die Anfrage von Reinhard Koglin, ob er nicht einen Informationsvortrag zu dem Thema „Was ist Gesamtschule eigentlich?" bei uns im Saal halten könnte. Er konnte! Es mussten Sitzgelegenheiten besorgt und Einladungsblätter hergestellt werden. Dieser gutbesuchte Vortrag war die Geburtsstunde unserer dann folgenden 27-jährigen Veranstaltungstätigkeit im Alten Kreishaus Bordesholm.

Auch der vorgenannte Name musste erst gefunden werden, denn in der Öffentlichkeit war das für die Meisten abweisende, strenge Behördengebäude einfach

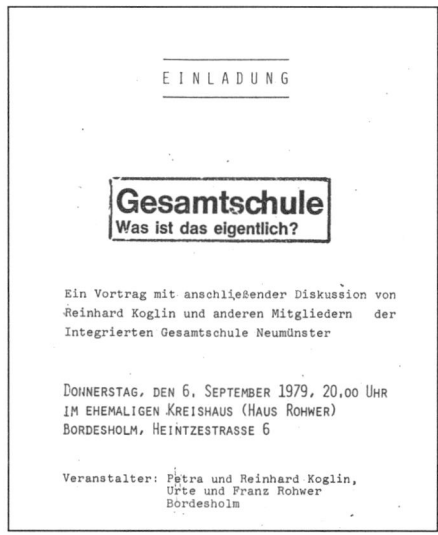

Einladungsblatt zum ersten Vortrag

das „ehemalige Amtsgericht". Wir wollten nicht so gerne in einem Gerichtsgebäude wohnen und über der Eingangstür mit Freitreppe steht ja auch in Stein gehauen „Kreishaus" – also „Altes Kreishaus".

Mehr als 300 Veranstaltungen gingen so, anfangs unregelmäßig, bald monatlich, vor jeweils 100 Besuchern über die Kreishausbühne. Etwa 20 Ausstellungen in der Eingangshalle und manchmal auch im Saal kamen hinzu. Eine besondere Herausforderung stellte die Organisation eines dreitägigen Festivals zum zehnjährigen Bestehen des Alten Kreishauses als Veranstaltungsstätte dar.

Zauberer Daniel im Zelt am See

KulTrubel fand im Kreishaussaal, im Zelt am See und auf einer Aktionsbühne auf dem Vorplatz statt. Die Schirmherrschaft hatte die damalige Kultusministerin Eva Rühmkorf, die auch die Ansprache zur Eröffnung hielt. Etwa 50 Künstler boten ihre Kunst auf den verschiedenen Bühnen dar, etwa 20 freiwillige Helfer waren im Einsatz. Verschiedene Stände im Haus und im Amtmannspark sorgten für das leibliche Wohl der

Besucher. Für die Versorgung der Künstler und Helfer war in der Wohnung eine Kantine eingerichtet. Dank der Unterstützung durch öffentliche Geldgeber und Sponsoren war der finanzielle Aufwand erträglich.

Für manchen Anlass im Freundes- und Bekanntenkreis, wie Geburtstage, Hochzeiten und Jubiläen wurden die

Ein Geburtstagsständchen

Räume genutzt. Mit Livemusik oder Musik vom Diskjockey, mit Suppe oder kaltem Buffet, war der Saal mit Vorraum für bis zu 80 Personen gut nutzbar, darüber hinaus mussten dann Treppe und Eingangshalle mit einbezogen werden.

Herr Wings, Betriebschef bei der Firma Sauer-Getriebe in Neumünster, feierte seinen 60. Geburtstag. Als der Firmeninhaber und gleichzeitige Arbeitgeberpräsident

Klaus Murmann als Gast kam, waren zusätzliche Tische in der Eingangshalle erforderlich, um die unauffälligen Herren von der Sicherheit unterbringen und bewirten zu können. Auf die bald erwartete Rückkehr unseres zu jener Zeit punkigen Sohnes Timm, mit halbseitiger Glatze einerseits und andererseits schrill gefärbten Haaren sowie entsprechendem Outfit, musste die Sicherheit besonders hingewiesen werden. Sie waren hinterher sehr dankbar, durch die Vorbereitung nicht gleich mit vielleicht überzogenen Aktionen reagiert zu haben.

Vor Wahlen bekamen die SPD-Aktivisten, die die „Bordesholmer Notizen", eine Wahlkampfzeitung, am frühen Sonntagmorgen verteilt hatten, anschließend ein stärkendes Frühstück im Saal.

Über einige Monate während der Bauzeit der neuen Verwaltungsschule mietete diese den Saal als Unterrichtsraum. Unser Hund Jule, ein Bernhardiner-Verschnitt, ließ alle Schüler unbehelligt durch, nur bei einigen Lehrern mussten wir verstärkt aufpassen, da er die nicht mochte. Instinkt? Die Fertigstellung des Neubaus machte die weitere Anmietung hinfällig – oder war es doch der Hund? Heute ist der Saal zu dem geworden, was von mir beim Kauf mal angedacht war, ein Architektur- und Ingenieurbüro. Das hätte den Architekten des Hauses, Johann Garleff, sicher gefreut.

Besenrein

Das Haus wurde besenrein übergeben. Das heißt, die Diensträume des nach Rendsburg umgezogenen Amtsgerichts waren von allem Mobiliar befreit, soweit es denn durch die Türen ging. Die nach Rendsburg entführte prächtige Uhr auf dem Kaminsims wurde uns, wie schon erwähnt, zurückgebracht. So blieben denn einige große Arbeitstische, der Richtertisch, eine schwere Balustrade aus dem Saal, Zuschauer- und Zuhörerbänke und ein großer runder Tisch zurück. Letzterer hat viele gute Dienste erwiesen und ist auch heute noch in Benutzung. Der riesige Tresor musste mit Hilfe eines Mauerdurchbruchs und eines Spezialfahrzeugs von der Firma Tresor-Baumann abgeholt werden. Die mehr als ein Meter hohen Fensterbrüstungen und die untere Scheibenreihe mit Milchglas sollten dafür Sorge tragen, dass die Beamten nicht von der Außenwelt abgelenkt würden. Beim Umbau konnten wir durch Anheben des Fußbodens und Ersatz der undurchsichtigen Scheiben die Umwelt einziehen lassen.

Besenrein war auch die Wohnung im Souterrain zur Seeseite. Die Familie Pflugradt, die beim Kauf bereits gekündigt hatte, zog kurz vor unserem Einzug nach Neumünster. Im 1. Obergeschoss, früher Beletage genannt, ehemals die Wohnung der Familie des Amtrichters Münchhoff, war jetzt die Wohnung des

Ehepaares Carl samt Hund. Herr Carl war Inspizient am Opernhaus Kiel. Die kleine Wohnung gegenüber wurde von Frau Pielot bewohnt. Ein Geschoss höher wohnte Frau Gabrysch, die Witwe des Justizwachtmeisters. Eine gelernte Weißnäherin im Haus war für unsere große Familie sehr hilfreich. Leider war es ihr, wegen ihrer besonderen Körperfülle, kaum möglich, das Haus zu verlassen. Die Feuerwehr machte eigens eine Übung, um an die hohe Giebelseite des Hauses im Notfall anleitern zu können. Auf der anderen Seite des Treppenhauses befand sich die Wohnung der Familie Nielson. Herr Nielson war für den Betrieb der Heizung, damals noch mit Koks, zuständig. Nach Umstellung der Heizung auf Gas zogen Nielsons aus. Über die Energieversorgung des Hauses in der Anfangszeit wissen wir wenig. Ein Brunnenschacht im Garten zeugt von einer eigenen Wasserversorgung, und Gewindestopfen in Wänden und Decken deuten auf eine Beleuchtung mit Gas hin. Die von Anfang an eingebaute, seinerzeit sicher sehr moderne, Warmwasser-Zentralheizung wurde von einem riesigen Heizkessel vom Keller aus mit Koks betrieben. Elektrizität und Telefon kamen später über Freileitungen ins Haus, und die Umstellung von Koks- auf Gasheizung erfolgte 1979. Die Alternative Erdöl oder Gas wurde mit den damaligen Gemeindewerken ausgehandelt. So sind die Bordesholmer Versorgungsbetriebe Vollversorger des Hauses, heute sogar mit schnellem Internet!

Das Kreishausportal
mit dem Hinweis auf die benachbarte Klosterkirche

Den nicht mehr benötigten Kohlenkeller haben wir wenig später jungen Musikgruppen als Übungsraum zur Verfügung gestellt. Drei Bands traten aus diesem Raum an die Öffentlichkeit, die „Kellerband", „Mola" und „Strum". Ein Mitglied von „Mola", der Arzt Heinz Bergmann, ist heute Miteigentümer des Hauses und musiziert nach wie vor in seiner Freizeit in einer Band.

Eine Hausbewohnerin, die schon 1945 als Kind mit ihrer Familie im Haus untergebracht war, lernten wir auf eigenartige Weise in Südfrankreich kennen. Wir machten 1981 Urlaub in einem Ferienhausgebiet an der Atlantikküste. Unser Jüngster hatte sich mit Hilmar angefreundet und sie erzählten sich beim Spielen, wo sie herkommen. Hilmar berichtete seiner Mutter von Timm aus Bordesholm. „Da war ich auch schon, als Flüchtlinge waren wir da in einem großen roten Haus an einem See untergebracht!" Ingrid Schröder geb. Schiewe aus Siegen – in Südfrankreich! Sie berichtete bei einem späteren Besuch von notdürftig ausgebauten Bodenräumen und schreibt uns folgendes: „Meine Mutter, Margarethe Schiewe, ist mit 4 Kindern, Gerhard, Helene (gest. 1947 im Hilfskrankenhaus Bordesholm), Ingrid und Hans Joachim am 26. Febr. 1945 ins Amtsgericht eingezogen. Dort wohnte ebenfalls die Frau des Richters (Wirtsbinski o.ä.) mit 2

Kindern. Das Mädchen heißt Maren. Der Richter war zu dem Zeitpunkt wohl noch Soldat. Ich meine mich zu erinnern, dass das Gebäude auf dem Dach ein rotes Kreuz hatte, was dann doch wohl auf ein deutsches Lazarett oder Krankenhaus schließen lässt. Nachdem die Engländer das Gebäude beanspruchten, konnten wir noch bis zum Herbst 1945 dort wohnen… Die Engländer nutzten das Gebäude wohl auch als Lazarett,

Familie Kleinalstede

denn der See war für längere Zeit 1949/50 für Badende gesperrt. Gerüchte besagten damals, dass die Engländer

Verbandsmaterial u.ä. im See entsorgt hätten und somit Infektionsgefahr bestünde…..."

Wir waren stets darauf erpicht, Familien mit Kindern in das Haus zu bekommen. So passte es sehr gut, dass Angelika und Ludwig Kleinalstede mit Tochter Miriam in eine Wohnung im Dachgeschoss einzogen.

Wenig später vergrößerte sich die Familie noch um die Zwillinge Kaja und Waltje. Die Eltern waren beide studierte Musiklehrer und Ludwig angehender Pianist. Wir überlegten deshalb, wie wir in die Dachgeschoss-räume eine schalldichte Klavierübungszelle einbauen könnten. Ludwig hatte an der Folkwangschule in Essen studiert und zog von dort mit seiner Familie nach Bordesholm, so wie einst auch wir.

Mit auf der Etage wohnte Momme Petersen, Architekt und Angestellter in meinem Architekturbüro. Er hatte sich ein Bodenzimmer zum Wohnschlafraum mit gegenüberliegendem Bad ausgebaut. Momme, der die Meditation für sich brauchte und beim Transzendieren das Abheben erlernen wollte, konnte stundenlang mit uns über die „qualitätvollere diagonale gegenüber der rechtwinkligen Teilung eines Raumes" debattieren. Er verließ unser Denkmal, um in Hamburg bei der Denkmalbehörde zu arbeiten. Wir sind ihm auch heute noch verbunden. Eine sehr unterschiedliche Gesellschaft vom Dachboden.

Frau Gabrysch, als ruhender Pol, nahm regen Anteil am Geschehen und war immer bestens informiert. Von ihr hörten wir denn auch: „ Ludwig (Kleinalstede) arbeitet jetzt bei Aldi." Alarmglocken! Notfall! Wieso arbeitet ein Musiklehrer bei Aldi? Zum weiteren Verständnis der Geschichte muss man wissen, dass in Norddeutschland nach und zu verwechselt wird und es in Bordesholm ein Geschäft gibt mit dem Namen „Kloppenburg", so wie auch „Aldi". Und so kombinierten wir, dass Ludwig wohl folgendes gesagt haben wird: „Ich gehe nach Cloppenburg um dort zu arbeiten!" (an der Musikschule). So war es und die Familie zog fort nach Cloppenburg.

Das Haus verjüngte sich fortlaufend. Die Wohnung im Souterrain wurde an eine studentische Wohngemeinschaft mit zwei weiblichen und zwei männlichen Personen vermietet. Sie taten sich paarweise zusammen, heirateten, bekamen Kinder. Ingeborg Kellinghusen und Reinhard Albers blieben unsere Stammmieter, die sich in etwa jährlichem Abstand neue Mitbewohner suchten. Inge und Reinhard wurden gute Freunde, mit denen wir noch heute verbunden sind und gerne über die alte Zeit im Haus sprechen. Auch Sabine Najock mit ihrem Sohn Daniel, die später in die Wohnung im Dachgeschoss umzog, gehörte dazu. Reinhard selbst, absolut alkoholfrei, trank bei einigen Festen, die wir zusammen erlebten, immer Milch (übrigens bis heute). So konnte er auch nicht ahnen, welche Mengen Alkohol polnische Studenten und ihre Professoren vertilgen können. Die Gruppe hatte Reinhard bei einem Geschichtsseminar an der Uni kennengelernt und nach Bordesholm eingeladen. Wir hatten gerade oben in der Halle eine Ausstellung „Verboten und Verbrannt", die die Gruppe besuchte, und dann wurde unten gefeiert. Da Reinhard für ungewohnt große Mengen von Alkohol nicht vorgesorgt hatte, ging er erst einmal im Haus sammeln. Plötzlich waren einige Studenten und der Herr Professor verschwunden. Eine aufgeregte Suche begann. Draußen schön, warm, dunkel, der See, das Boot - rufen, Garten, Treppenhaus - nirgends! Wir gingen in unsere Kellerräume, um etwas zu holen, und da - da saßen sie, hatten Schlitten und Kisten zusammengestellt und tranken direkt aus den Flaschen unseren Sekt. Dass der Kellerraum nicht zur unteren Wohnung gehörte, wussten sie nicht. Eigentumsfragen mussten nicht geklärt werden und wir haben es unter deutsch-polnischer Freundschaft verbucht.

Nach Streit, gerichtlicher Auseinandersetzung und einem Vergleich zogen Carls aus und das Ehepaar Heide und Udo Simonis zogen nach Umbau ein. Darüber an anderer Stelle mehr.

Als die Wohnung im Souterrain von unseren Studentenfamilien verlassen wurde, suchten wir per Anzeige gezielt eine Familie mit Kindern, was damals ungewöhnlich war. Auch große Wohnungen wurden am liebsten an kinderlose Ehepaare, beide berufstätig, vermietet. Conchi und Eberhard Niedermeier mit Richard, Gerhard und Jan-Martin zogen nach einigen Umbauten ein. Die Verbindung, besonders auch über unsere Kinder, war bald hergestellt. Eberhard Niedermeier konnte sich als Zahntechniker in Bordesholm selbständig machen. Conchi, eine kleine, zierliche Spanierin, lernte auf einem dreirädrigen Fahrrad die Radfahrkunst.

Unser Haus war auch immer Anziehungspunkt für alleinerziehende Mütter. Die Gesamtschullehrerin Sabine Najock mit Daniel, die OP-Schwester Barbara Freundt mit Thies, Sabina Techow mit Friederike, Margret Heitmann mit Lea und Hanna und die Architektin Ellen Klingemann mit Ole, später unsere geschiedene Tochter Katja mit unseren Enkeln Jöran und Frida und noch später die Musikerin Monika Schmidt-Carstens mit Malu und Nina wohnten mit uns unter einem Dach. Vielleicht war unsere etablierte Familie auch ein Ankerplatz, jedenfalls waren die Kinder in einer Gemeinschaft, die zeitweise den Charakter einer Großfamilie annahm. Urte kochte, wenn die Mütter durch den Beruf zeitweise verhindert waren, für Daniel, Thies und Ole mit. Daraus entstand, über einen längeren Zeitraum, ein Mittagstisch, in dem nach Zeitplan die anderen Mütter an ihren jeweiligen freien Tagen umschichtig kochten. Es wurde gerne in der Hausgemeinschaft in den einzelnen Wohnungen, zum Beispiel an Geburtstagen, gefeiert. Bei schönem Wetter ergriff irgendjemand im Haus die Initiative und Grilldüfte zogen durch den Garten, oder es wurde eine Fahrradtour organisiert.

Die Hausgemeinschaft auf Fahrradtour

Eine besondere Feier fand Silvester 1978/1979 statt. Alle im Haus waren bei Freunden eingeladen, aber keiner konnte wegen der Schneekatastrophe das Haus verlassen. Schnell bildete sich eine Notgemeinschaft, die mit zusammengetragenen Resten und Vorräten ein tolles

Silvester feierte. Über einen langen Zeitraum eine wunderbare Hausgemeinschaft.

Eine prominente Mieterin

Nach nur acht Wochen Umbau- und Renovierungszeit haben wir unser nunmehr großzügiges Domizil bezogen. Viel war noch zu tun, und so standen Urte und ich auch diesen Sonntag mal wieder in Arbeitskleidung auf der Leiter und strichen die Decke des zukünftigen Gästezimmers. Plötzlich stand unter uns ein sonntäglich elegant gekleidetes Paar. „Simonis" klang es von unten herauf. „Wir haben gehört, dass Sie dieses schöne Haus gekauft haben! Darin möchten wir gerne wohnen – haben Sie was frei?" Während wir uns auf das niedrigere Niveau begaben, schossen uns Gedanken durch den Kopf; Simonis, Heide, Bundestagsabgeordnete, SPD, mehr war auch für uns als politisch Interessierte und damals FDP-Mitglieder nicht drin. „Tut uns leid, zurzeit ist keine Wohnung frei – aber wenn sich was tut, melden wir uns." Das anschließende Gespräch drehte sich um Bordesholm mit seiner Lage im Wahlkreis von Heide Simonis und die Erreichbarkeit der Städte Bonn für sie und Berlin, die berufliche Wirkungsstätte des Professor Dr. Udo

Simonis. Die drei großen „B" Bonn-Berlin-Bordesholm, sagten wir im Scherz.

Wenige Wochen später wurde die Wohnung in der „Beletage" frei. In Abstimmung mit dem Ehepaar Simonis wurde geplant und umgebaut. Ein offener Grundriss auf 160 qm mit einem abgeschlossenen Schlafzimmer mit Bad und einem Arbeitszimmer für den Professor. Auf meine Frage zur Küchenplanung „Jede Frau hat doch eine Vorstellung von einer Traumküche", kam prompt die Antwort: „Meine Traumküche ist die, in die ich nicht rein muss!" Aber diese Behauptung wurde schon bald von ihr selbst, durch Kochkünste, überzeugend widerlegt. Udo Simonis hielt sich bei dieser Diskussion eher zurück. Aus der Zweckgemeinschaft wurde schon bald eine Freundschaft, die über ein viertel Jahrhundert halten sollte. Mit unter unserem Dach wirkte auch die Sekretärin von Heide, Jutta Ziehm; auch sie war über viele Jahre eine vertraute Hausgenossin. Zeitweise teilten wir uns auch die Reinigungskraft, Frau Schulz. Die Arme konnte sich entscheiden, ob sie verzweifeln wollte am Reinigen der unzähligen Sammlerstücke, die Heide zusammengetragen hatte, ob sie Udos fein säuberlich geordneten Fundus an wissenschaftlichen Büchern und Zeitschriften verfluchte oder ob sie ihren Frust beim Putzen von etwa 360 kleinen Scheiben allein in unserer Wohnung finden wollte.

Mit Heide und Udo feierten wir „sozialliberale" Wahlsiege und trauerten gemeinsam bei Niederlagen. Wir feierten und aßen mit Gästen aus der Politik und der Wirtschaft.

Wirtschaftswissenschaftler aus China, Russland und New York, Künstler, wie das Ehepaar Hanne und Peter Nagel, den Schriftsteller und Nobelpreisträger Günter Grass, den Lyriker Günter Kunert sowie Stefan Haym und

v.l. Johano Strasser, Heide Simonis,
Günter Grass, Hans Wiesen

Politiker aus dem sozialliberalen Lager lernten wir auf diese Weise kennen. Aber auch die Begegnung mit dem milden und gütigen Vater von Heide, ihrer agilen, im noch weitgehend ungenutzten Saal Tischtennis spielenden Mutter und mit ihren beiden lebhaften Schwestern war von besonderer Bedeutung. Ganz anders strukturiert, grundsolide, ländlich, handwerklich war die

Welt der Eltern und der Schwester von Udo mit ihrem Mann.

Besonders für Heide waren wir auch mit unseren vier Kindern eine Ersatzfamilie. Udo spielte, besonders in der Anfangszeit bei uns im Haus, noch mit dem Gedanken eigener Kinder. Heide, als Karrierefrau in der Politik und einem weltweit wirkenden Wirtschaftswissenschaftler an

Heide und Udo
am runden Tisch

ihrer Seite, war realistischer. Wenn Udo mal wieder so einen „Anfall" hatte, schickte Heide ihn eine Etage tiefer zu uns und er wurde nach kurzer Zeit vom Kinderwunsch geheilt entlassen. Das hinderte Udo nicht, als Mensch, der aus eigener Kraft, auf dem sogenannten zweiten Bildungsweg zu höchsten wissenschaftlichen Ehren gelangte, auf unsere „normalen" Kinder, mit geringerem Ehrgeiz und oftmals fehlendem Antrieb, mit Verständnislosigkeit zu reagieren. Als Timm allerdings mit seinem, im Haus wohnenden, Freund Daniel Udos nagelneues Auto mit Zweigen und Sand tarnte, möglicherweise gegen angreifende Aliens, reagierte Udo sehr besonnen und erzieherisch wirkungsvoll.

Nicht nur die Familie, sondern auch die damals sehr enge Hausgemeinschaft und unser Freundeskreis waren Heim

Rast mit Picknick

und Zone zum Entspannen vom politischen Alltag. Heide strickte eifrig mit in dem von Urte zusammengestellten Strickkreis, keine Geburtstagsfeier ohne Heide und Udo, und manches Abendessen im Garten, bei dem sich Udo gern als Charmeur und Gastgeber profilierte. Auch Heiligabend waren Heide und Udo häufig dabei und unterwarfen sich bereitwillig den Familienritualen. Die ganze Feierei gipfelte in einer großen gemeinsamen Party im Saal, auf der großen Treppe und in der Eingangshalle mit 140 geladenen Gästen. Unsere gemeinsamen Freunde und Bekannten aus Bordesholm, Kiel, Neumünster und Hamburg trafen auf Politiker aus Bonn, Wissenschaftler aus Berlin und einige Künstler. Eine bunte Gesellschaft und ein sehr schönes Fest.

Als Heide als erste Frau in Deutschland das Amt der Ministerpräsidentin antrat, hatten wir mit einem Mal eine prominente Mieterin. Bis zu diesem Zeitpunkt war uns das nie bewusst geworden. Etwas weniger Zeit für Geselligkeit war zwangsläufig die Folge, aber sonst blieb alles, auch für Freunde und Bekannte, so wie vorher. Einige Sicherheitsmaßnahmen wurden am Haus vorgesehen, aber für uns und die übrigen Hausbewohner ohne Einschränkungen. Heide wurde jeden Tag vom Fahrer und Sicherheitsbeamten morgens abgeholt und meistens relativ spät abends nach Hause gebracht. Sie selbst fügte sich nur ungern den Einschränkungen ihrer Freiheit, und so gab es auch keine ständige Bewachung des Hauses. Zu Krisenzeiten und wenn polizeibekannte Autos oder Personen im Umfeld des Hauses gesichtet wurden, konnte es sein, dass ein unauffälliger Dienstwagen vor dem Haus stand oder dass in Zivil gekleidete Beamte das Haus umstreiften.

Drei unserer Kinder waren zu dieser Zeit schon aus dem Haus oder im Studium. Nur unser Jüngster, auffälligst gekleidet und überzeugter Redskin, mit allen entsprechenden Insignien, avancierte zum Beobachtungsobjekt. Als er noch spät am Abend mit einem Freund im Auto auf dem gegenüberliegenden Parkplatz saß, gingen „Zivile" auf ihn zu und fragten, was er dort mache!? Seine Antwort: „ Ich will gleich nach Hause, gegenüber. Wenn es wegen Heide Simonis ist, das ist meine Mieterin!"

Unsere Begegnungen wurden seltener, blieben aber weiterhin freundschaftlich. Urte wurde manches Mal aus der Staatskanzlei angerufen, weil Heide durch einen plötzlich geänderten oder nicht vorhergesehenen Termin ein Kleidungsstück aus ihrem Schrank benötigte. Urte wusste da gut Bescheid, und der Fahrer holte das Gewünschte dann ab.

Wir wussten, dass Heide und Udo gerne in unserem Haus geblieben wären, und so boten wir ihnen die Wohnung zum Kauf an. Das geschah auch vor dem Hintergrund, dass wir Bares für Sanierungsarbeiten am Haus und in unserer Wohnung gut gebrauchen konnten. Unser Angebot wurde nicht verhandelt, sondern Heide und Udo wollten aus verschiedenen Gründen auf Dauer Mieter bleiben. Als wir dann nach weiteren 4 Jahren unsere Ministerpräsidentin und den Professor baten, sich mittelfristig nach einer geeigneten anderen Wohnung umzusehen, reagierte Heide sofort mit entsprechender Aktivität und Udo mit Unverständnis. Er betrachtete seine Mietwohnung als sein Eigentum. Durch Heides Aktivität, um die Suche zu unterstützen, wurde schnell die Presse, bundesweit bis hin zum regionalen Fernsehen aufmerksam. Was für eine attraktive Überschrift: Heide Simonis gekündigt! Wir waren die bösen Vermieter, die es wagten, einer Ministerpräsidentin die Wohnung wegzunehmen. Eine Kündigung hat es nie gegeben. Das Verhältnis wurde kühl, blieb aber immer höflich.

Nachdem die Wohnung in Kiel gefunden war, wurde ein Auflösungsvertrag geschlossen und 2003 endete unsere gemeinsame Bordesholmer Zeit. 26 Jahre unter einem Dach, eine schöne und interessante Zeit. Aus engen Freunden wurden für uns freundliche Bekannte. Die Wohnung in der „Beletage" wurde mittlerweile als Eigentumswohnung verkauft.

Künstler

Veranstalter zu werden ist kein üblicher Berufswunsch und es waren eher Zufälle, die mich an diese Tätigkeit heranführten. Das Vorhandensein eines Saals, sein provozierendes leeres Dasein war sicher so ein Umstand.

Hinzu kam die Anfrage von Reinhard Koglin im Saal einen Vortrag halten zu wollen und das Vorbild einer Veranstaltungsstätte in Bremerhaven, das „KuK". Ingrid und Uwe Heitmann boten in ihrem Wohnzimmer Kunst um den Kamin einem kleineren Kreis von Besuchern an. Die Gastspiele erster Künstler bei uns, wie Walter Stapper aus München und „die Huthmachers" aus Pforzheim kamen, auf Vermittlung von Ingrid und Uwe Heitmann zustande.

Unser „Altes Kreishaus" verselbständigte sich. Viele Künstler sahen wir in anderen Veranstaltungsstätten und wenn uns das Programm gefiel und für uns geeignet zu sein schien, so sprachen wir sie an. So eine Stätte war auch der „Foolsgarden" in Hamburg. Ein Off-Theater, aus dem fast alle bekannten Kleinkünstler der Hamburger Szene hervorgegangen sind. Auch hier fanden wir viele Talente und mit Hanne Mogler, der Theaterchefin, sind wir noch heute in Freundschaft verbunden.

Bei der Suche nach Künstlern richtete sich unser Hauptaugenmerk nicht so sehr auf die großen und bekannteren Namen, sondern unsere Suche fand in der Fußgängerzone, in den kleinen Veranstaltungsräumen statt. Unser Interesse galt immer den Talenten, denen es trotz großer Kreativität noch nicht gelungen war, die Bretter der bedeutenden Bühnen zu erklimmen oder gar im Fernsehen zu landen. Unser Motto: Kleinkunst ganz groß!

Später war es schwer, der vielen Bewerbungen um Auftritts-Termine Herr zu werden. Wir versuchten, die Gruppen immer live zu sehen und zu hören, bevor wir sie engagierten. Mit der Zeit lernten wir zwischen den Zeilen der Kritiken zu lesen, Honorare auszuhandeln und den Umgang mit der Gema.

Reinhard Koglin hielt am 6. September 1979 den ersten öffentlichen Vortrag in unserem Kreishaus. Irmgard Harder war die erste Künstlerin, die mit einer plattdeutschen Lesung, gegen Honorar und Eintritt, bei uns auftrat.

27 Jahre haben wir den Saal einmal im Monat zu einem Treffpunkt für die Künstler und das Publikum gemacht. Die Eintrittsgelder deckten gerade die Honorare und sonstigen Kosten. Gewinne wurden nicht gemacht, aber wir mussten auch keine größeren Verluste hinnehmen, wenn man mal von entgangener Miete und den Heizkosten absieht.

Es mögen 500 Künstler oder mehr gewesen sein, die in unserem Haus gastierten. Sie kamen aus Hamburg oder München, aus Berlin oder Essen, aus Skandinavien oder von Sizilien, aus Irland oder Ungarn, aus Amerika oder China, und immer waren es Begegnungen besonderer

Art. Manche erinnern wir kaum, flüchtige Bekanntschaften, einige haben uns tief beeindruckt und etliche sind uns heute noch in Freundschaft verbunden. Viele übernachteten bei uns, und die Gespräche, die sich am runden Tisch beim Abendbrot oder beim Frühstück ergaben, waren für uns, aber auch für unsere Kinder, ein zusätzliches, prägendes Erlebnis. Für die Künstler war das Gastspiel mit Familienanschluss von eigener Bedeutung, und sie fügten sich gerne den Familienritualen.

Toni Sheridan

WALTER STAPPER sang unseren Mädchen Gute Nacht-Lieder zur Gitarre, TONY SHERIDAN, der einst die Beatles nach Deutschland holte und dann rotgewandeter Sannyasin war, erzählte uns, bei vegetarischem Frühstück, über die frühe Zeit mit den Beatles.
Das ging vom Frühstück bis zum Abendessen und endete bei Tarotkarten. IRMGARD HARDER begeisterte mit

ihren plattdeutschen Geschichten unser Publikum. Wenig später zeichnete sie eine Rundfunksendung mit Bordesholmer Gesprächspartnern bei uns im Saal auf. Wenn die sechsköpfige Familie am runden Tisch mit den Künstlern zusammen saß, ging es lebhaft zu und verbal flogen die Fetzen. So war es HANS SCHEIBNER als Teilnehmer der Runde, der fragte: „Wer ist hier eigentlich der Kabarettist?" Bei den barocken Essgewohnheiten des Satirikers GABRIEL LAUB war es unser jüngster Sohn Timm, der sich nicht bremsen konnte, durch einen lauten

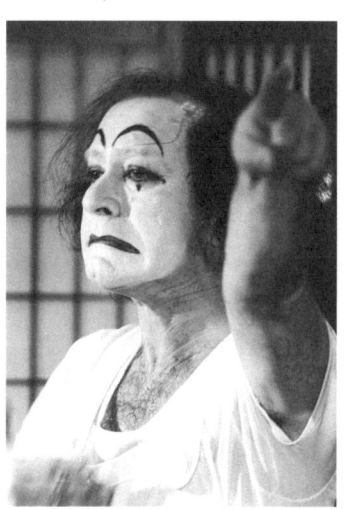

Peter Herrmann

Handklatscher auf den nicht zu übersehenden Bauch des Gastes einen Zusammenhang herzustellen. PETER HERRMANN, der Pantomime, hatte so starkes Lampenfieber, dass er starr vor der Tür zum Saal stand, neben ihm Urte. Ich sprach schon meine Begrüßungsworte vor der Bühne. Da flüsterte er Urte hektisch zu: „Ich kann nicht auftreten – unmöglich – alles steif – ich bin total steif – es geht nicht!" - „Du musst", war Urtes coole Antwort und als ich geendet hatte, gab sie ihm einen kleinen Schubs Richtung Bühne! Alles lief wunderbar!

„Die kleinste Bühne der Welt" mit Hedwig und Jörg

Der Schriftsteller GÜNTER KUNERT war mit seiner Frau gekommen und erzählte zu später Stunde von der für einen Intellektuellen ungewöhnlichen Leidenschaft, abends mit Frau und 12 Katzen im Bett zu liegen und fernzusehen. Einige Zeit später kam er mit einem ganzen Fernsehteam, um in unserer Halle, ergänzt mit Landschaftsaufnahmen, einen Fernsehfilm über den Dichter zu drehen. Die Israelin HELENA HENDEL, von ihrem

Mann Leonard Regnier an der Gitarre begleitet, hatte ein sehr schönes Konzert mit israelischer Folklore gegeben. Auch umfangreiche entsprechende Folklore-Kostüme kamen zum Einsatz. Wir saßen noch lange zusammen, bis sie nach Hamburg aufbrechen mussten, um für das Konzert am nächsten Tag in Ida Ehres Hamburger Kammerspielen ausgeruht zu sein. Sie waren gerade auf dem Weg in ein für uns nicht bekanntes Hotel, da entdeckten wir in der Künstlergarderobe sämtliche zurückgelassenen Kostüme. Was tun!? Handy gab es noch nicht! Helmut Hager, ein letzter Rundenteilnehmer, sagte: „Ich fahre morgen sowieso nach Hamburg, ich bringe die Kleidung direkt in die Kammerspiele." Wie er uns erzählte, hat er an einer Tür geklopft, und tatsächlich - Ida Ehre, die Prinzipalin persönlich, öffnete ihm und nahm die Garderobe entgegen. Die Betroffenen haben erst am Abend bei der Ankunft im Theater bemerkt, dass die Kostüme schon vorausgefahren waren.

Eine Begebenheit mit EVA-MARIA HAGEN, erzählte uns ein Handelnder dieser Geschichte, Urtes Bruder Armin:

„Wir kannten Eva-Maria Hagen, einst mit ihrem damaligen Lebensgefährten, Wolf Biermann, aus des DDR ausgebürgert und Mutter von Nina Hagen. Außerdem hatten wir von ihrer bewegten und interessanten Vergangenheit gehört.

Im November 1982 sollte sie bei Urte und Franz im Kreishaus auftreten. Nichts wie hin! Ein wunderschöner Konzertabend mit russischen Romanzen, von Wolf Biermann übersetzt. Anschließend saßen wir noch lange beisammen und plauderten mit der attraktiven Frau über Männer, Frauen und die Liebe. Es wurde kühler, die Künstlerin fröstelte und Heide, meine Frau, bot ihr ihre Fellweste an. Ohne jedes Arg massierte ich ihr den verspannten Nacken. Es hat offensichtlich anders gefallen als von mir beabsichtigt, denn wie lasen wir, zu unserer Überraschung, im zweiten Buch ihrer Lebenserinnerungen:

Am Bild ›Pointe du Raz‹ aus der Bretagne malen, einen Schal stricken für diesen blöden Kerl zu Weihnachten.

26. 11. 82
In Bordesholm, in einem wunderschönen, unter Denkmalschutz stehenden ehemaligen ›Kreishaus‹. Erfüllter Abend. Ein ›Einzelner‹ hat mir sogar gefallen. Anschließend weitergesungen im engeren Kreis, Liebeserklärungen von Frauen und Männern. Ein Beamter hat mir Schultern und Hals massiert. War gut, angenehmer Griff. Ich hätte ihn haben können, aber noch bin ich blockiert wegen diesem Stockfisch. Warte, Marie, es wird schon wieder werden ... Wie in Milch getaucht ist das Land. Schwebende Schleier nahtlos

Einige Jahre später sprachen wir sie nach einem Auftritt in Bremerhaven auf diesen Buchtext lächelnd an. Sie erinnerte sich. Etwas verlegen schaute sie Heide an und sagte, die Augen mit der Hand verdeckend: „Naja, was man sich so ausdenkt, wenn man alleine ist." – Traurig? Wir haben zusammen herzlich gelacht."

Manches Mal wurde nach der Aufführung vor dem Saal im Foyer noch weiter musiziert. So auch ERWI & ALVI, Clowns und Schauspieler aus Chile. Wir kennen ihre Bühnenerfolge, ihre Familien und Schicksalsschläge, und machen uns mit ihnen vertraut. Ebenso wie die Mongolin URNA, in der Jurte aufgewachsen, die als Kind in der mongolischen Steppe zur Schule reiten musste und chinesisch als Fremdsprache erlernte, um in Shanghai Musik zu studieren. Dabei lernte sie ihren Mann,

Eva-Maria Hagen

ROBERT ZOLLITSCH, als Stipendiaten kennen. Beide traten zusammen zweimal bei uns auf. Leider trennten sich die Beiden. Aber solche Lebenswege und Schicksale verbinden und die Lieder der Grassteppe klingen noch eine Weile in uns nach.

HOSOO, der Kehlkopfsänger aus dem Altai-Gebirge der Republik Mongolei, sang in der Fußgängerzone in Hamburg vor einem ungläubig staunenden Publikum. Sie mutmaßten, der Körpergesang ohne Lippenbewegung käme aus einem heimlich versteckten Lautsprecher. Ich war fasziniert und fragte ihn und seine Frau Suvdaa, die mit einem Körbchen Geld sammelte, ob sie im Alten

Einladungsblatt   Kritik danach

Kreishaus im Saal auftreten würden. Das taten sie, und seit diesem Auftritt ist eine Freundschaft entstanden, die auch meinen Einsatz bei der Ausländerbehörde in Bremen notwendig machte, um das dauernde Aufenthaltsrecht für Hosoo und seine Familie zu erwirken. Ich konnte leider nicht viel tun, aber Henning Scherf, der auch diesen wunderbaren Gesang gehört hatte, erreichte dann etwas später für ihn das Ziel. Wenn ich heute Hosoo treffe, so stellt er mich anderen so vor: „Das ist meine Baba!" Mit seiner mongolischen Truppe ist er inzwischen europaweit, ja weltweit unterwegs und seine wundersame Musik ist in manchem Film über die Mongolei zu hören.

Publikum

Was ist ein darstellender Künstler in einem leeren Saal, ohne Publikum? So sahen wir dann, als wir mit dem Organisieren von Veranstaltungen begannen, es als unsere erste Aufgabe an, mögliche Zuschauer und Zuhörer für dieses Angebot zu interessieren. Der relativ große Bekanntenkreis half uns, nach einer Art Schneeballsystem. Über die Unterstützung durch die örtliche Presse mit Ankündigungen und Kritiken konnten wir uns nicht beklagen. Ein Journalist, der fast immer dabei war, war Oliver Funke. Er glaubte seiner journalistischen Neutralität gerecht zu werden, in dem er mit sehr kontrollierter Mimik und zurückhaltendem Applaus reagierte. Ein Künstler, der auf die Reaktion des Publikums angewiesen war, fragte uns etwas irritiert, wer das denn in der ersten Reihe sei? Die Adressenkartei wuchs im Laufe der Zeit auf mehr als 250 Adressen. Zu jeder Veranstaltung wurde gesondert mit einem Ankündigungsblatt mit Informationen über die Art der Veranstaltung, den Künstler oder die Gruppe eingeladen. Hinter diesen Adressen standen etwa 500 Personen. Unser Saal war fast immer mit 100 Personen besetzt.

Die Pflege dieser Kartei war für uns von großer Bedeutung und ersetzte uns einen Verein, den wir nicht

Gästerunde

gründen wollten. „Liebe Kreishausfreunde" wurde ein Begriff, der uns half, über einen Jahresbrief und einen jährlichen Portobeitrag die Kartei aktuell zu halten. Der Kreis der „Kreishausfreunde" war sehr heterogen zusammengesetzt, sowohl gesellschaftlich als auch in der politischen Ausrichtung. Wir bemühten uns, das kulturelle Angebot aus parteipolitischem und Gesinnungsstreit herauszuhalten. Es war bekannt, dass Urte und ich SPD-Mitglieder sind, Heide Simonis im Hause wohnt und auch zu Veranstaltungen kam, aber thematisiert wurde das, soweit wir wissen, nicht.

Kabarettisten dem rechten Lager zuzuordnen fällt schwer, aber es konnte schon mal sein, dass die persönliche Betroffenheit eines streng katholischen Ehepaars zum Verlassen des Saales führte, als der Kabarettist allzu sehr über seine eigenen katholischen Erfahrungen in einer Klosterschule lästerte.

Unser Publikum war in der Regel sehr großzügig mit Applaus, auch bei kleinen Pannen. Aber dass sie reihenweise den Saal verließen, war nur zwei- oder dreimal der Fall. Ich erinnere ich mich an eine Veranstaltung mit einem Künstler, der seine Texte vergaß, ein Liedermacher war deutlich angetrunken und ein Gitarrist, der zusammen mit einem pathetischen Rezitator als Ersatz für ein wegen Krankheit, ausgefallenes Folklorekonzert auftrat; das Publikum war mit einer völlig anderen Erwartungshaltung gekommen und demzufolge enttäuscht. Eine Veranstaltung musste wegen starken Schneefalls ausfallen. Peter Herrmann, Pantomime, war angekündigt. Die Veranstaltung war ausverkauft und das Publikum hatte sich, durch die

Witterung unbeirrt, durchgeschlagen. Alles saß erwartungsvoll im Saal, nur der Künstler fehlte. Um halb neun der Anruf: „Ich sitze an der Raststätte Holmmoor an der Autobahn im Schnee fest." Der Eintritt wurde zurückgezahlt und mit einem Freigetränk starteten wir in eine fröhliche Nacht des Erzählens. „Das sollten wir öfter machen", war die einhellige Meinung.

Viele Jahre bildeten Christa und Dieter Randig sowie Traute von Lilienhoff die Mannschaft hinter dem Tresen.

Das Tresenteam

Bei besonderem Ansturm oder vertretungsweise waren auch Uschi und Klaus Flor im Einsatz. Sie verwöhnten die Gäste während der Pausen und beim Sit-in nach der Veranstaltung mit Wein, Käsehappen und charmanter Unterhaltung. In den letzten Jahren übernahmen unsere

Tochter Wera mit Mario und Freundin Silke diese wichtige Funktion, die sehr zur Atmosphäre des Veranstaltungshauses beigetragen hat. Das war ein Teil unseres Erfolgskonzepts, im Anschluss an die Veranstaltung im Foyer mit dem oder den Künstlern zusammenzusitzen und sich zu unterhalten. Manches Mal wurde die Gitarre noch einmal herausgeholt und Musik gemacht.

Eine andere Aussage, die wir oft von unseren Besuchern hörten, war: „Wir wussten zwar nicht genau, was uns er-

Die Instrumente wurden noch einmal hervorgeholt

wartet, aber wir sind noch nie enttäuscht worden." Das war schön zu hören, aber auch Verpflichtung und Belastung zugleich.

Häufige Diskussionen in der Doppeldirektion, Urte und Franz, drehten sich um die Frage, wie weit wir unser Publikum durch das Angebot herausfordern oder auf Reisen in fremde Welten mitnehmen können. Hosoo mit seinem mongolischen Kehlkopfgesang war so eine fremde Welt, die Begeisterung auslöste. Ein schwules Liedermacherpaar aus Hamburg entführte unser Publikum in die glitzernde und schillernde Szene der Großstadt. Als ich ein deutsch-indisches Comedy-Paar in Berlin sah, war ich begeistert und engagierte sie. „Nur die Schlussszene", sagte ich, die in eine Art Polonaise mit dem Publikum einmündete, „werdet ihr mit unserem durchweg älteren Publikum und bei der räumlichen Enge bei uns nicht machen können". – „Lass uns mal machen", war die Antwort. Sie machten, und unsere älteren Herrschaften waren so angeregt und begeistert, dass sie, ich traute meinen Augen nicht, in einer Polonaise im Konfettiregen durch das Haus, die Treppe hinunter, durch die Halle und wieder auf die Bühne zogen.- „Mit euch kann man aber auch alles machen", war der ironische Dank durch Sanjay.

Auf der anderen Seite konnte es sein, dass das Publikum tiefe Betroffenheit zeigte. Nach dem tragischen Ende des Theaterstücks „Meeresrand" dauerte es lange stille Minuten bis der Applaus das Stück und die herausragende künstlerische Leistung der Schauspielerin Gilla Cremer würdigen konnte.

Tief beeindruckt
- Mein Vater

30 Jahre – Urtes Werkstatt

In meinem Architekturbüro war Urte Bürokraft und gute Seele zugleich. Sie blieb es auch noch, als ich die Selbständigkeit aufgab und in den öffentlichen Dienst nach Kiel abwanderte. Uwe Horst, mein Kollege, übernahm das Büro. Das ging einige Jahre so, aber der Wunsch, kontinuierlicher bei den drei heranwachsenden Großen und dem kleineren Timm zu sein, wuchs.

Daneben verlangten das turbulente Familienleben und das unruhige Haus auch nach einem Rückzugsort für Urte. „Ein eigenes Zimmer, nur für mich allein", war ein langgehegter Wunsch, der sicher aus den beengten Verhältnissen einer Flüchtlingskindheit heraus verständlich ist. Das Gästezimmer, zeitweise vermietet, wurde frei und der Raum, in dem sich Urte von der Alltagsarbeit mit den Schulkindern, aber auch von mir, dem umtriebigem Ehemann, erholen konnte, war gefunden.

Es ging los mit Stricken und Nähen und so, wie ich meine Werkstatt im Keller hatte, so war dieses Refugium

Stoffe und Wolle noch im Sortiment

bei den Kindern bald Urtes Werkstatt. Dieser Name wurde beibehalten, als Urtes sich einen weiteren Wunsch verwirklichte, nämlich sich etwas Eigenes zu schaffen, unabhängig von Haushalt, Herd, Familie und Ehemann. Das fünfte Kind war geboren: „Urtes Werkstatt"!

Der Handel mit selbstgestrickten Pullovern, Wolle, Stoffen und Second-Hand-Kleidung begann. Heide Simonis, im Haus wohnend, war erste Lieferantin und Kundin zugleich. Freundinnen und Bekannte folgten.

Nach einiger Zeit war Urte des vielen Strickens müde und auch das Nähen gefiel ihr nicht mehr, der Handel mit Wolle und Stoffen ging zurück und war bald ein Zusatzgeschäft. Der Verkauf von modischer Second-Hand-Kleidung entwickelte sich dagegen rasant. So blieb diese Sparte bis heute allein übrig - so wie der Name Urtes Werkstatt!

Zwei Arten von Kundinnen sind im Second-Hand-Handel zu unterscheiden, diejenigen, die ihre gebrauchte aber ausgesucht modische Kleidung bringen, und diejenigen, die kaufen. Häufig vereinigt sich das in einer Person. Bei der Annahme der Kleidung werden strenge Maßstäbe an den Zustand der Stücke sowie die modische

Beratung

und saisonale Aktualität gelegt. Am Anfang war es reine Frauenangelegenheit. Mit einer Erweiterung des Ladens, nachdem die Kinder ausgezogen waren, kam dann ein Raum für Herrenkleidung hinzu. So kam denn eines Tages ein Mann in den Laden und Uschi, Urtes Freundin und Hilfe, führte ihn selbstverständlich in den Herrenraum. Etwas schüchtern, aber nicht verlegen, fragte er, ob er denn Damenkleidung anprobieren dürfte. Er durfte, und es war nicht ganz leicht, für die männliche kräftige Figur etwas Passendes zu finden. Die manchmal gestellte

Frage „Haben sie das auch in einer anderen Größe da?" konnte selten positiv beantwortet werden. Mit großem Erfolg wurden im Saal drei Modenschauen durchgeführt. An jeweils zwei Terminen gingen weibliche und männliche Laien-Mannequins über den Laufsteg, modisch kommentiert von Urte.

Die typgerechte Beratung, die zwischenmenschlichen Gespräche und die ungezwungene familiäre Atmosphäre machen den Charme von Urtes Werkstatt aus. Schon bald brauchte Urte Hilfe und so kamen zu verschiedenen Zeiten und im Wechsel Uschi, Kerstin, Sabine und unsere Tochter Wera hinzu.

Nur sehr gut erhaltene modische Kleidung wird angenommen. Da ist manches Designer-Stück dabei und der Preis liegt noch deutlich unter dem, was im sogenannten Outlet-Handel genommen wird. So hatte die 9-jährige Tochter einer Kundin schnell erkannt, dass man ja eigentlich bei jedem gekauften Stück etwas spart; ihr logisches Fazit: „Mutti, je mehr du hier kaufst, desto mehr hast du gespart" – stimmt doch!

An den Veranstaltungstagen im Saal blieb der Laden auch abends geöffnet, und nicht nur die Besucher der Veranstaltung sondern auch die Künstler schauten sich um. So kaufte sich ein Pianist einen Smoking, die Chansonnette ein hautenges Etuikleid oder die Folkloremusikerin einen bestickten Rock. Für die Besucher war es, wie sie sagten „ein besonderes Vergnügen, Kulturkonsum mit Shopping zu verbinden"!

Die Amerikanerin Margie im Trachtenlook

Besonderer Beliebtheit erfreut sich das Angebot des Offtime-Shoppings! Gruppen von 4-10 Frauen treffen sich nach Terminvereinbarung außerhalb der Öffnungszeiten, um so ungestört und ausgiebig in Second-Hand-Kleidung zu stöbern. Gegenseitige Beratung, Spaß, Kaffee oder Sekt inklusive. So treffen sich Freundinnen, der Damen-Kegelklub, die Bürokolleginnen oder die Geburtstagsgesellschaft in Urtes Werkstatt.

Nach 30 Jahren bahnt sich ein Generationswechsel an, aber Urtes Werkstatt bleibt Urtes Kind.

…. und heute?

Inzwischen ist das Gebäude in den Händen einer Eigentümergemeinschaft, die sich bewusst ist, in einem Denkmal zu leben und damit pfleglich umgehen zu müssen. Urte und mir, sind noch gut 40 % der Fläche verblieben. Eine rege Hausgemeinschaft kümmert sich um den Erhalt der Bausubstanz, was nicht immer leicht ist. Wir sind aber froh, aktive Mitstreiter zu haben.

Die Aufteilung in insgesamt 6 Eigentumseinheiten erfolgte 1992. Anlass für die so genannte Teilungserklärung war unsere damalige Mieterin Barbara Freundt, die ihre Dachgeschosswohnung erwerben wollte. So geschah es und Barbara wohnt zusammen mit ihrem Lebensgefährten Frank Liebschner immer noch hoch oben über dem See. Es folgten Ulrike Mandik und Achim Tetzlaff, auch vorherige Mieter, die ihre Wohnung im Souterrain zur Seeseite erwarben und noch heute ein Teil der Hausgemeinschaft sind. Peter Mandik zog mit seiner Frau Katja, unserer Tochter, in eine Dachgeschosswohnung. Die beiden Enkelkinder Jöran und Frida wuchsen in diesem Haus und unserer Nähe heran. Als die Ehe zerbrach, behielt Peter die Wohnung als Eigentümer und hat sie heute vermietet. Die jüngsten Mitglieder unserer Eigentümergemeinschaft sind Carola Ketelhodt und Heinz Bergmann, die die Wohnung erworben haben, die einst von Simonis genutzt wurde.

Unser Miteigentümer Peter Mandik kümmert sich, als eine Art Hausmeister, um Ordnung und Sauberkeit des gemeinschaftlichen Eigentums. Ob Gehweg oder Dachrinne reinigen, Rasen mähen oder Hecke schneiden, Peter ist mit Eifer dabei.

Die kulturellen Veranstaltungen wurden eingestellt, ein Zugeständnis an das Älterwerden. Ob auch die Tatsache, dass die gemeinsamen Grillabende im Garten seltener werden, dem Alter oder den ungünstigen Witterungsverhältnissen zuzuschreiben sind, mag dahingestellt sein.

Das Gebäude mit seinen hundert Jahren auf dem Buckel ist noch voller Aktivität und Kreativität. Frank Liebschner ist im Dachgeschoss den Computern und seinen Tücken auf der Spur. Eine Etage tiefer verschönt Barbara Freundt in ihrem Kosmetikstudio, zusammen mit ihrer Kollegin Sabine, Damen und zuweilen auch Herren. Wie schon vorher beschrieben, ist auch Urte Rohwer mit ihrem Second-Hand-Laden und ihren Kolleginnen in diesem Sinne tätig. Monika Schmidt-

Carstens hat in ihrem Studio die Musikschule „Fortissimo" etabliert, die großen und kleinen Leuten Noten und Rhythmus vermittelt. Ganz im Sinne des Hausarchitekten Johann Garleff dürfte es sein, dass im denkmalgeschützten Saal die „architekten ingenieure altes

Architekten und Ingenieure

kreishaus" Thomas Rader, Andreas Zylka und Torsten Modrow sowie unsere Tochter Wera Rohwer, der Statiker Mario Neumann und als Bürokraft Christina Rohwer Ideen und Planungen zu Wohnungen, Feuerwehrgebäuden, Sporthallen und Schulen Realität werden lassen.

Mit unseren Architekten und Ingenieuren verbindet uns darüber hinaus noch ein täglicher gemeinsamer Mittagstisch. Jeden Wochentag kocht ein anderer Teilnehmer der Runde. Für uns als Ältere eine schöne Gemeinschaft.

Ein langer Weg von den Ideen und Plänen eines Johann Garleff zu den heutigen Anforderungen an Architekten und Ingenieure, bei völlig veränderten Rahmenbedingungen. Zwei Kriege, Revolutionen und Aufstände sowie technische Entwicklungen und ein durchgreifender kultureller Wandel bestimmten die vergangenen hundert Jahre.

Keiner kann voraussehen was in den nächsten hundert Jahren in dem oder mit dem Gebäude geschieht. Mögen nachfolgende Generationen das Haus mit Seele, das Alte Kreishaus, in liebevolle Hände nehmen.

Ferner in der Reihe ‚Bordesholmer Edition' erschienen:

Bd. 1: Das Grab auf der Insel
Der erste Bordesholmkrimi
von Jürgen Baasch, Lydia Glaubke, Charlotte Günther,
Ines Reich und Hartmut Wiedling
ISBN 978-3844800067 172 Seiten Preis 9,90€

Bd. 2: De Borsholmer Jedemann
Hugo v. Hofmannsthal sien Stück,
in't Plattdüütsche sett vun Jürgen Baasch
ISBN 978-3848218066 128 Seiten Preis 8,90€

Bd. 3: Das Licht
und andere Erzählungen
von Jürgen Baasch, Kirsten Frahm,
Viktor Vogt und Hartmut Wiedling
ISBN 978-3848227112 136 Seiten Preis 8,90€

Bd. 3: Das Licht
und andere Erzählungen
von Jürgen Baasch, Kirsten Frahm,
Viktor Vogt und Hartmut Wiedling
ISBN 978-3848227112 136 Seiten Preis 8,90€

Bd. 4: Schmalsteder Beifang
Der zweite Bordesholmkrimi
von Jürgen Baasch, Sivia Biener, Charlotte Günther,
Diana Kühl und Hartmut Wiedling
ISBN 978-3-8482-2419-7 164 Seiten Preis 9,90€

Bd. 5: Krimidinner
Kriminalroman von Hartmut Wiedling
ISBN 978-3848219711 164 Seiten Preis 14,90€

Bd. 6: Murmelspiel und Schabernack
Alltagsgeschichten aus unserer Nachkriegskinderzeit
Biografische Reihe, Hrsg. Jürgen Baasch
ISBN 978-3848241415   168 Seiten   Preis 10,90€

Bd. 7: Biografische Splitter
Biografische Reihe, Hrsg. Jürgen Baasch und Elmer Schmidt
ISBN 978-3732230983   138 Seiten   Preis 9,90€

Bd. 8: Doppelbilder
Erzählungen von Hartmut Wiedling
ISBN 97-8-3842342118   140 Seiten   Preis 7,90€

Bordesholmer Edition
eine Reihe für Autoren von Bordesholm und Umgebung
Herausgeber: J.Baasch und H.Wiedling, Bordesholm
bordesholmer.edition@yahoo.de